FACULTÉ DE DROIT DE PARIS.

Thèse

pour la Licence.

L'acte public sur les matières ci-après sera soutenu,

le mercredi 19 juillet 1854, à neuf heures,

Par François-Pardoux COUTISSON, né à Bourganeuf
(Creuse).

Président : M. PELLAT, Professeur.

Suffragants :
MM. DE PORTETS,	
ORTOLAN,	Professeurs.
COLMET-DAAGE,	
DEMANGEAT,	Suppléant.

Le Candidat répondra en outre aux questions qui lui seront faites
sur les autres matières de l'enseignement.

PARIS.

VINCHON, Fils et Successeur de Mme Ve BALLARD,
Imprimeur de la Faculté de Droit,
RUE J.-J. ROUSSEAU, N° 8.

1854.

A LA MÉMOIRE DE MA MÈRE.

A MON PÈRE.

A MON FRÈRE.

JUS ROMANUM.

DE ÆSTIMATORIA.
(D., xix, 3.)

DE RERUM PERMUTATIONE.
(D., xix, 4.)

DE PRÆSCRIPTIS VERBIS.
(D., xix, 5.)

DE ÆSTIMATORIA.
(Dig., lib. xix, tit. 3.)

Contractus æstimatorius innominatus, utilis est et bonæ fidei, quo aliquis alteri rem æstimatam vendendam tradit, ea conditione, ut æstimatio vel ipsa res restituatur.

Quamvis cum emptione-venditione, locatione-conductione aut mandato magnam affinitatem ille contractus habeat, attamen in plurimis diversus est : a venditione differt quum is qui rem æstimatam accepit non obligetur ad solvendum pretium, si rem reddere possit; a locatione-conductione, quia non certa merces constituta, mandato quidem similis, sed non est mandatum, quia illud quod æstimationem factam excedit accipientis ipsius lucro cedit, porro mandatum gratuitum esse debet. Idcirco melius visum fuit prudentibus, tollendæ dubitationis gratia, civilem æstimatoriam præscriptis verbis actionem dari, quoties de nomine contractus ambigeretur.

Quid juris si corrupta sit res aut perierit? cujus periculum sit? distinguitur. Rei periculum dantis est si is accipientem rogaverit, si accipiens dominum, accipientis periculum est, si neuter, periculum quidem ad dantem pertinet, accipiens vero dolum culpamque præstet.

DE RERUM PERMUTATIONE.
(Dig., lib. xix, tit. 4.)

Permutatio est contractus innominatus, bonæ fidei, quo res certa datur ut alter rem certam det.

Ille contractus, emptionis-venditionis fons, cum illa sociatus, multum tamen ab ea differt. Jurisconsultus Paulus ait : « Si « quidem pecuniam dem ut rem accipiam, emptio-venditio est, « sin autem rem do ut rem accipiam, permutatio; » quæ sententia non sine disceptationibus inter prudentes recepta est, cum Sabinus et Cassius permutationem emptionis-venditionis speciem esse putabant et ex ea actiones ex empto et vendito nasci. Proculus contra permutationem propriam esse contractus speciem a venditione separatam docebat, quum in ea dubitandi ratio erat uter emptor vel uter venditor esset; quidquid merx, quidquid pretium esse potest; ideoque hæc sententia merito prævaluit.

Emptio-venditio solo consensu sed re tradita tantum permutatio perficitur; venditori sat est ut rem emptori habere liceat, non etiam ut ejus fiat; at permutatio non nisi a datione rei, nisi a transferendo dominio initium habet, unde is qui non suam sed alienam rem dat, nullam contrahit permutationem, est enim necesse qui tradit dominium habere.

Permutari possunt res omnes, eo excepto quod res aliena non permutari possit; ipsi nummi permutationem recipere possunt, non tanquam pecunia numerata, verum tanquam certum corpus, puta peregrinos antiquosve nummos.

Ex permutatione utilis atque bonæ fidei nascitur actio præscriptis verbis : competit illa actio ei qui suam rem tradidit adversus eum qui accepit, ad id, ut præstet quod promisit, vel id quod interest. Est et alia actio quæ ex permutatione descendit, cum ei qui rem suam dedit et non accepit de quo convenit pœnitere liceat et si, quod tradidit recipere velit, repetere potest ut reddatur, quasi ob rem datam re non secuta, quia permutationis contractus nondum perfectus est utraque parte; quæ actio condictio causa data causa non secuta appellatur.

DE PRÆSCRIPTIS VERBIS ET IN FACTUM ACTIONIBUS.

(Dig., lib. xix, tit. 5.)

Cum natura ita conditum esset ut plura inter cives essent negotia quam verba, plures res quam voces et ex hoc certum ac speciale nomen multæ non haberent actiones, necesse visum fuit prudentibus ad actiones præscriptis verbis vel in factum confugere quoties exsurgunt innominati contractus.

Actiones illæ præscriptis verbis dicuntur, vel civiles, vel utiles, in factum civiles, actiones incerti quia quod petitur incertum est; præscriptis verbis appellatæ fuerunt quod quum specialem formulam in prætorio non haberent necessario factum demonstrandum fuit ex quo descendebant.

Omnes autem hi contractus innominati re perficiuntur, tantummodo ex datione seu facto oriuntur; subsidiaria est præscriptis verbis actio, cum aliæ carent; cessantibus nominatis contractibus, nonnunquam tamen evenit ut præscriptis verbis actionis non locus sit sed duntaxat locus quotiescumque alicui ex nominatis similis est actio aut quum dubitatur an actio directa competat. Duos contractus æstimatorium et de rerum permutatione supra despeximus quibus de præscriptis actio datur, cæteros innominatos nunc videbimus. Vulgo quatuor enumerantur : do ut des, do ut facias, facio ut des et facio ut facias, ex quibus tamen plures alii possunt exsurgere, veluti : do ut des et facias, facio ut des et facias, do et facio ut des, do et facio ut facias, do et facio ut des et facias; uti, do ne des, do ne facias, facio ne des, facio ne facias; de quibus disserit Paulus.

De contractu do ut des. Si quidem pecuniam dedi ut res mihi daretur, emptio et venditio est, ex qua actiones empti et venditi; sin autem rem, velut Stichum, ut rem accipiam, permutatio est ex qua actio præscriptis verbis; eadem etiam actio in æstimato.

In qua actione veniet, non ut restituas quod acceperis, sed ut damneris mihi quanti interest mea illud de quo convenit accipere. Et cætera competit actio qua, si tuam rem recipere malis, condicere potes causa data causa non secuta.

Do ut facias. Si pecuniam do ut facias aliquid locationi idoneum, erit locatio, ex qua actio locati; si rem dedi, ille contractus a natura locationis-conductionis exorbitat, tua erit optio actionis de præscriptis verbis seu condictionis ad rem repetendam.

Si pecuniam dedi ut aliquod faceres quod locari non possit, puta, ut servum manumittes, non erit locatio cum res non locari potest, sed actione præscriptis verbis aut condictione agendum est.

Tandem si meum tibi dedi pro facto promisso quod locari non soleat, ad easdem actiones confugiendum est.

Facio ut des. In hoc casu solam doli actionem dari oportere, nam ad nullum nominatum contractum accedere hanc speciem scribit Paulas. (Dig., lib. 19, tit. 5, lex. 5.)

Et ita Ulpianus dubie vero et hanc probat opinionem Pomponius, nullum juris civilis actionem et non in factum, sed subsidiariam de dolo esse. Quæ sententia quidem disserta fuit inter veteres jurisconsultos et dubium fuit an de præscriptis verbis actio dari debeat.

Facio ut facias. Talis est species : inter partes conventum fuit ut utraque servum manumitteret, una manumisit, non altera, qua actione teneatur? Respondetur : actione præscriptis verbis.

Vidimus quando actioni præscriptis verbis locus sit; sed quum de contractu agitur qui nullam cum aliquo ex nominatis contractibus affinitatem habet, ad actionem de dolo recurrendum est. Quæ si ipsa actio de dolo deficiat, decernit prætor actionem in factum : hæc actio erit civilis, si datur ad instar actionis civilis quæ nascitur ex causa cum qua similitudinem præbet, sic puta actio in factum legis Aquiliæ; sin autem causa cum causis ex quibus civiles proditæ sunt actiones nullam affinitatem habet, hæc actio in factum, tanquam a prætore data, erit prætoria.

POSITIONES.

I. Num res æstimata fit semper periculo dantis? — Rei periculum dantis est si is accipientem rogaverit, si accipiens dominum, accipientis.

II. Pecunia numerata recipitne permutationem cum alio corpore? — Non tanquam pecunia numerata, sed tanquam corpus.

III. Si opus indebitum datur, num repeti potest? — Non, idcirco agendum est præscriptis verbis.

IV. An ex contractu, facio ut des, danda sit doli actio an magis præscriptis verbis? — Doli actio.

V. An actio præscriptis verbis confundi debeat cum actionibus in factum? — Non confundenda est.

DROIT FRANÇAIS.

—————◉◉◉◉————

DE LA VENTE.

(Code Nap., liv. 3, tit. 6, chap. 1, 2, 3, 4 et 5, art. 1581-1657; tit. 7, art. 1702-1707. Code de proc., art. 175-186. Loi du 20 mai 1838, sur les vices rédhibitoires. Loi du 25 juin 1841, sur la vente des marchandises neuves.)

CHAPITRE I.

DE LA NATURE ET DE LA FORME DE LA VENTE.

La vente, dit le Code, est une convention par laquelle l'un s'oblige à livrer une chose et l'autre à la payer.

Cette définition est conforme au droit romain et à notre vieux droit français : la vente était un contrat productif d'obligations, mais non translatif de propriété; le vendeur devait procurer à l'acheteur la possession, l'usage paisible; la translation de la propriété ne pouvait être produite que par le fait postérieur de la tradition. Malgré les termes de l'art. 1582, une idée nouvelle domine aujourd'hui la matière de la vente et elle ressort des art. 711, 1138, 1583 et 1599 : le vendeur doit transférer la pro-

priété de la chose vendue, la seule énergie du consentement en
investit l'acquéreur avant même qu'il ait reçu tradition et qu'il
ait payé le prix. Ce n'est plus le *jus ad rem* qui découle de la
vente, elle engendre le *jus in re*.

La vente est un contrat par lequel une des parties transfère
à une autre la propriété d'une chose que celle-ci s'oblige à
payer.

Ce contrat est de droit naturel, de droit des gens, consensuel,
synallagmatique, commutatif, à titre onéreux.

Trois conditions sont essentielles au contrat de vente : la
chose, le prix et le consentement ; dès que sont intervenus une
chose, objet de l'achat, un prix, objet de la vente et le consentement sur cette chose et sur ce prix, la vente est parfaite, le
droit de propriété, le *dominium* réside en une personne nouvelle ; non-seulement le vendeur, mais les tiers eux-mêmes doi-
vent admettre l'efficacité de cette transmission, sans qu'il soit
besoin de tradition, ni de transcription. — Mais si la présence
de ces trois éléments est indispensable, elle est suffisante, et lorsque l'art. 1582 nous dit que la vente peut être faite par acte au-
thentique ou sous seing privé, il ne s'agit que de la preuve du
contrat pour une valeur supérieure à 150 francs ; un contrat d'un
usage aussi fréquent que la vente ne pouvait être entravé par
des règles exceptionnelles.

La vente peut être pure et simple, accompagnée d'un terme,
d'une condition suspensive ou résolutoire, porter sur deux ou
plusieurs choses alternatives. La volonté des parties variera ces
modalités à l'infini et les principes généraux du droit viendront
nous guider.

Ces principes nous enseignent que la stipulation d'un terme
ne suspend pas l'existence mais retarde seulement l'exécution
de la vente ; que la condition suspensive ne rend l'acheteur propriétaire qu'au moment où elle se réalise, qu'elle fait supporter
par le vendeur la perte de la chose arrivée avant l'accomplis-

sement de la condition, encore bien que la condition vienne plus tard à s'accomplir, puisque la chose vendue n'existant plus, l'obligation de l'acheteur s'éteint faute de cause. Nous voyons aussi, toujours comme dérivation des règles contenues au titre des conventions, que la vente faite sous condition résolutoire est parfaite dès la formation du contrat, l'acheteur est propriétaire *hic et nunc*, comme dans une vente pure et simple, les risques de la chose retombent sur lui ; seulement l'avénement de la condition résout le contrat et replace les choses au point où elles étaient avant la vente : ici c'est la résolution qui se trouve suspendue.

Tandis que la vente de marchandises en bloc nous offre l'exemple d'une vente pure et simple, nous trouvons au contraire dans la vente de marchandises au poids, au compte ou à la mesure, un cas de vente sous condition suspensive. Cette vente est imparfaite, elle n'opère ni le transport des risques, ni celui de la propriété, et s'il est vrai que les parties sont liées dès à présent par leur convention, si elles ne peuvent en discéder san sleur consentement mutuel, il n'est pas moins évident que l'arrivée de la condition, c'est-à-dire le pesage, le comptage ou le mesurage, fera de la chose et du prix encore indéterminés un prix connu, un corps certain, fera cesser l'indécision et rendra le contrat parfait en rétablissant le principe de la perfection de la vente dès là que le consentement est intervenu.

Quant aux ventes faites sous conditions de dégustation ou à l'essai on prononcera sur la nature des conventions par la recherche de la volonté des parties et par l'examen des circonstances.

L'art. 1589 nous dit : la promesse de vente vaut vente lorsqu'il y a consentement réciproque des deux parties sur la chose et sur le prix, c'est à-dire que la promesse de vente contient la vente en germe et conduit forcément à sa réalisation, sans se réduire à la simple obtention de dommages-intérêts ; ainsi en n'admettant pas le sens rigoureux de l'article, la promesse de vendre ne transfèrera pas la propriété, ce qui est conforme à la justice, celui qui promet de vendre n'ayant pas l'intention de se dépouiller actuellement. Le texte ne s'occuppe que des promesses synallagmatiques, cependant elles peuvent être unilatérales si le vendeur ou l'acheteur s'engage seul et sans qu'il y ait réciprocité d'obligation. Quant à la remise d'arrhes, il est nécessaire d'établir une distinction : les arrhes accompagnent-ils une promesse de vente, ils seront considérés en général comme moyen de dédit ; la vente conclue, quelle est leur nature ? Nous voyons là, en l'absence de toute disposition législative, une question d'intention, un point de fait déterminable d'après l'ensemble des circonstances.

Le prix est un des éléments essentiels à la perfection du contrat de vente : *sine pretio nulla venditio est ;* il doit consister en argent, être sérieux, il le sera lorsque les parties l'auront fixé avec intention de l'exiger, bien qu'il ne soit pas l'équivalent de la chose vendue, et certain, c'est-à-dire déterminé ou déterminable d'après une clause du contrat, aucune des parties ne restant la maîtresse de le désigner arbitrairement.

CHAPITRE II.

QUI PEUT ACHETER OU VENDRE.

Le consentement dans tout contrat doit être exempt d'erreur, de violence ou de dol, et provenir de personnes jouissant de la plénitude de leurs droits. La capacité de vendre et d'acheter est la règle commune, l'incapacité l'exception ; la loi n'a pas à parler des incapacités, l'art. 1124 énumère les mineurs, les interdits, les femmes mariées dans les cas exprimés par la loi.

Notre chapitre s'occupe seulement de quelques incapacités particulières.

Pour empêcher les époux de s'avantager au delà de la quotité disponible, de rendre irrévocables des libéralités que la loi a fait expressément révocables et en dernier lieu de frauder leurs créanciers en faisant passer la fortune de l'époux obéré dans le patrimoine de celui qui ne l'est pas, le législateur a prohibé le contrat de vente entre conjoints. Ce principe est modifié par trois exceptions, qu'il ne sera pas permis d'étendre en présence des termes restrictifs de l'article :

1° Vous êtes autorisé à vendre à votre épouse et réciproquement si vous êtes séparé judiciairement d'avec elle et pour la payer de ses droits ;

2° Le mari peut vendre à sa femme même non séparée pourvu que la vente ait une cause légitime.— Notons ici que cette disposition ne s'applique qu'au mari, moins sujet aux influences, plus indépendant dans l'association conjugale ;

3° La femme pourra céder des biens à son mari en payement d'une somme qu'elle lui aurait promise en dot et lorsqu'il y a exclusion de communauté.

L'art. 1596 nous présente la deuxième prohibition. Ne peuvent acheter, c'est-à-dire ser endre adjudicataires, sous peine de nullité, ni par eux-mêmes, ni par personnes interposées : les tuteurs, des biens de leurs pupilles ; les mandataires, des biens qu'ils sont chargés de vendre ; les administrateurs, de ceux des communes et établissements publics confiés à leurs soins ; les officiers publics, des biens nationaux dont les ventes se font par leur ministère ; les magistrats, des biens qui se vendent devant leur tribunal. Règle sage et prévoyante sans laquelle on aurait pu voir quelquefois ces personnes chercher à écarter les enchérisseurs en dépréciant les biens dans l'espoir de les acquérir à vil prix et qui prévient la lutte de l'intérêt privé et du devoir.

Enfin pareille raison a fait défendre aux juges, officiers ministériels, avocats, etc, de devenir cessionnaires de procès, droits
et actions litigieux qui sont de la compétence du tribunal dans le
ressort duquel ils exercent; on a voulu que la dignité de ces fonc-
tions ne fût point abaissée par d'indignes spéculations, *consce-
leratœ pactiones*; il fallait aussi protéger le cédé contre le crédit
de son adversaire, empêcher que le cédant n'eût à se repentir
d'avoir refusé à son juge la cession de ses droits et arrêter ceux
qui seraient tentés d'oublier les devoirs d'une pro'ession qui
consiste à terminer les constestations et non à en trafiquer.

CHAPITRE III.

DES CHOSES QUI NE PEUVENT ÊTRE VENDUES.

La formation égale d'une vente est subordonnée à ces conditions : que la chose qui en est l'objet existe et qu'elle ne soit
retranchée du commerce par nulle loi naturelle ou civile.

La chose doit exister; si elle est périe, la vente est nulle, le
contrat n'a pas de fondement faute d'objet; comment transmettre un droit de propriété sans une chose sur laquelle il puisse
reposer, on ne traite pas sur un fantôme, sur le néant. Le prix
de l'acheteur n'a point d'objet pour équipollent et, s'il livre la
somme convenue, il aura droit pendant trente ans à une action
en répétition de l'indu. Si une partie seulement de la chose est
détruite, il y a un objet et dès-lors le contrat peut se former ;
l'acheteur a le choix de se départir de la vente ou de se borner
à une diminution du prix.

Il faut en second lieu que la chose soit dans le commerce.
Quelles sont les choses qui sont dans le commerce, et qui, en
conséquence, sont susceptibles d'être vendues, et enfin, quelles
sont celles dont la vente est prohibée?

On peut vendre non-seulement la chose qu'on possède présentement, mais aussi les choses futures, une espérance., une chance ; on peut vendre un usufruit, une servitude et autres droits incorporels ; disons donc qu'en principe, tous droits et toutes choses sont aliénables , sauf exception.

Ces exceptions sont engendrées par la nature même de la chose, par sa destination ou par la toute-puissance législative. On ne peut vendre les droits attachés à la personne, droits politiques, d'usage, d'habitation, etc. ; la fonction publique dont on est le titulaire, ni sa démission , la pension octroyée par le gouvernement, les choses qu'un usage public rend insusceptibles de propriété privée , une forteresse , un temple , une place..... Sont inaliénables les biens dotaux , hors les cas mentionnés. En outre , dans l'intérêt de l'ordre et de la sûreté publique , la loi entoure d'entraves ou bien interdit la vente des poisons , des armes cachées , des blés en herbe , des marchandises dont l'État se réserve le monopole ; elle condamne encore, au nom de la morale , la vente d'une succession future.

L'art. 1599 proclame nulle la vente de la chose d'autrui. A Rome, cette vente était permise, et la loi n'était pas inconséquente : dès lors que le contrat de vente est un acte producteur d'obligations, le vendeur peut s'obliger relativement à la chose d'autrui, peut la vendre, et s'il exécute son obligation, l'acheteur sera mal fondé à intenter l'action en résiliation ou en garantie ; mais, dans le droit nouveau, la vente transporte directement la propriété, est acte d'aliénation ; or, pour aliéner une chose, il en faut être propriétaire. La jouissance paisible de la chose ne suffit pas à l'acheteur, il promet un prix pour acquérir actuellement la propriété de la chose qu'il achète ; comment donc pourrait-il être investi de ce droit de propriété que le vendeur n'a pas lui-même ?

Mais notons que la loi ne règle que le cas où je vous promets de vous rendre actuellement propriétaire de la chose d'autrui, en la présentant comme mienne, et l'on conçoit qu'il y aurait un contrat parfaitement valable dans la convention par laquelle je m'obligerais à vous vendre la maison de mon voisin, ou dans l'acte par lequel je me porterais fort de vous faire avoir la propriété de la chose appartenant à autrui.

(Loi du 25 juin 1841, sur la vente des marchandises neuves).

Cette loi interdit les ventes en détail de marchandises neuves à cri public, soit au rabais, soit aux enchères, soit à prix fixe, proclamé avec ou sans l'assistance des officiers ministériels; elle a eu pour but de mettre un terme à de graves abus, en empêchant des spéculations qui nuisaient au commerce, et dont le négociant usait trop souvent pour soustraire le gage de ses créanciers.

Les ventes faites par autorité de justice, après décè, faillite ou cessation de commerce, ainsi que celles dont l'objet est de peu de valeur, sont exceptées de la prohibition.

La loi indique les mesures de précaution destinées à éviter le retour de la fraude, et établit comme sanction l'amende et la confiscation des marchandises.

CHAPITRE IV.

DES OBLIGATIONS DU VENDEUR.

Le vendeur doit expliquer clairement ce à quoi il s'oblige, et tandis que les principes généraux des conventions commandent d'interpréter contre le stipulant toute clause obscure ou ambiguë, ici on prononcera, dans le doute, contre le vendeur, soit qu'il stipule, soit qu'il s'oblige. Ce principe est rationnel, puisque le vendeur connaît sa chose, que l'acheteur ne connaît pas ; et l'expérience démontre qu'il y a *plus de fols acheteurs que de fols vendeurs.*

Sans parler d'obligations secondaires et de celles qui peuvent dériver de conventions particulières, le vendeur a, de droit, deux obligations principales : la délivrance et la garantie.

DE LA DÉLIVRANCE.

La délivrance est le transport de la chose vendue en la puissance et possession de l'acheteur ; par la délivrance, l'acheteur est mis à même d'exercer sur cette chose le droit de propriété que le contrat de vente, par la seule force du consentement, a porté de la tête du vendeur sur la sienne ; par elle, de propriétaire de droit il devient propriétaire de fait. C'est encore la délivrance qui, dans les ventes de choses déterminées quant à l'espèce seulement, en individualisant l'objet de la vente, en transfère la propriété.

Comment s'accomplit la délivrance ? Le Code n'a pas renouvelé le système allégorique de l'ancien droit : plus de possession de longue-main, de tradition de brève-main, plus de fictions ni de symboles ; de nos jours, le fait moral est souvent et toujours valablement substitué à l'acte matériel, la délivrance est indépendante de celui-ci, elle aura lieu toutes les fois que l'acquéreur aura la chose en sa pleine disposition.

Divers modes de livraison sont en usage, soit pour les immeubles, soit pour les meubles. Elle s'opère, pour les immeubles, par la remise des clefs, par celle des titres ou par le nu-consentement, si l'acheteur est détenteur de l'immeuble vendu. Quant aux meubles, par la tradition manuelle, la remise des clefs des bâtiments qui les contiennent, par le consentement lorsque l'acheteur les possédait avant la vente, par la remise les titres de propriété, par l'apposition par l'acheteur de son sceau sur la chose. A l'égard des droits incorporels, soit par l'usage que le cédant en laisse faire au cessionnaire, soit encore par la remise des titres.

Les frais de la délivrance incombent au vendeur, ceux de l'enlèvement à l'acheteur; le délaissement de la chose est l'obligation de celui-là, et la prise de possession le fait de celui-ci ; la délivrance se fait au lieu où se trouvait la chose lors de la vente, sauf, dans tous les cas, les conventions qui tiennent lieu de loi aux parties. L'acheteur a le droit d'exiger immédiatement la livraison, à défaut de clauses dérogatoires, mais le vendeur pourra la refuser, si l'acheteur, qui n'a pas terme, n'exécute pas son obligation corrélative, qui est le payement du prix, et si, même dans le cas d'un délai, l'acheteur tombe en faillite ou diminue les sûretés données par le contrat. Si la livraison n'a pas lieu, l'acquéreur demandera devant la justice la résolution de la vente ou sa mise en possession, et cumulativement les dommages-intérêts, suivant les circonstances. — En dehors l'événements fortuits, des risques que l'acheteur supporte par cela même que le contrat l'a rendu propriétaire, le vendeur doit livrer la chose dans l'état où elle se trouve au moment de la vente, avec ses accessoires et ce qui est destiné à son usage ; il est tenu de fournir la contenance déclarée, et cette obligation présente à la loi l'occasion de régler deux hypothèses.

Vous me vendez votre vigne, d'une contenance de dix hectares, à raison de 2,000 fr. l'hectare. La vente de l'immeuble est faite avec indication de contenance et à tant la mesure. — Tout déficit ou tout excédant diminue ou augmente proportionnellement le prix, et si la différence en plus est d'un vingtième au-dessus de la contenance déclarée, l'acheteur a le droit de se désister du contrat; on ne pouvait sans injustice le forcer à acquérir au delà de ses besoins, au delà de ses facultés, et pour une faute qui ne lui est pas imputable.

Vous me vendez votre vigne d'une contenance de dix hectares, pour la somme de 20,000 fr. La vente a lieu pour un seul prix et non à raison de tant la mesure. Le défaut ou l'excès de contenance ne produira diminution ou augmentation du prix que s'il se découvre une erreur d'un vingtième calculé sur la valeur et non sur l'étendue du terrain.

L'indication du prix particulier de chaque mesure est un indice que les contractants se sont attachés à l'exactitude rigoureuse des mesures ; on présuppose, au contraire, que les parties ne déterminant pas le prix correspondant de chaque mesure, n'ont ajouté qu'une importance secondaire à la constatation de la contenance, puisque le prix a été stipulé en bloc, sans relation entre chaque mesure et chaque portion du prix. Telle est la raison qui a fait déroger la disposition de la seconde hypothèse à celle de la précédente.

Par un motif d'intérêt public, l'art. 1622 limite au délai d'un an la durée de l'action en supplément de prix de la part du vendeur et de celle en diminution de prix ou en résiliation du contrat de la part de l'acquéreur.

DE LA GARANTIE.

Après avoir délivré le vendeur doit garantir. Cette deuxième obligation consiste à procurer à l'acheteur une possession paisible et utile : c'est-à-dire à l'abri de l'éviction d'une part, et accompagnée de l'autre des qualités nécessaires pour que la chose soit propre à sa destination. De là un double objet de garantie : garantie en cas d'éviction, et garantie des vices rédhibitoires.

DE LA GARANTIE EN CAS D'ÉVICTION.

Il y a éviction toutes les fois qu'une défaite judiciaire ou un acquiescement raisonnable dépossède l'acheteur des droits que la vente devait lui transmettre; il y a encore éviction, même sans jugement, lorsqu'un tiers détenteur s'oppose à mon entrée en possession, lorsque je ne jouis de la chose qu'en vertu d'un titre autre que celui d'acheteur, lorsqu'un trouble quelconque me fait éprouver une privation soit totale, soit partielle, dès lors l'éviction donne lieu à la garantie. Mais le vendeur n'est responsable que des vices de son droit, la cause de l'éviction étant préexistante au contrat ou contemporaine, car, née postérieurement, si elle ne procède pas d'un fait imputable au vendeur, la règle *res perit domino* reçoit son application.

Le vendeur doit garantir, il ne peut donc évincer : *quem de evictione tenet actio, eum agentem repellit exceptio.* Toutes fois que l'acheteur sera inquiété par le vendeur agissant en vertu d'un droit de propriété acquis postérieurement au contrat, par la caution ou leurs successeurs universels, l'exception de garantie viendra à son aide et lui fournira pour repousser les auteurs du trouble, une fin de non-recevoir insurmontable. Qui doit garantir ne peut évincer.

La garantie est de la nature de la vente, elle n'a donc pas besoin d'être stipulée, le vendeur en est tenu de droit; elle n'est pas de son essence, puisque la volonté des parties peut l'élargir, la restreindre et même la supprimer. La garantie qui résulte de la convention est nommée garantie de fait par opposition à la garantie de droit imposée par la loi elle-même.

Si le contrat ne modifie en rien la dette de garantie et nous présente, par conséquent, le cas de garantie légale, et que l'acheteur subisse une éviction totale, quelles obligations pèseront sur le vendeur? Aux termes de l'art. 1630, l'acquéreur peut réclamer :

1° La restitution du prix entier, lors même que la chose aurait péri en partie ou serait détériorée par des accidents de

force majeure, ou même par son fait. Il a pu, sans faute, négliger ce qu'il croyait sien en vertu de son titre, mais s'il a
profité des dégradations, il supportera une déduction égale à ce
profit ;

2° Les dommages-intérêts dont l'expression embrasse la plus-
v lue de la chose, les dépenses nécessaires, utiles ou même
voluptuaires, si l'aliénateur était de mauvaise foi, le préjudice
causé et le gain que la dépossession a empêché de réaliser ; les
dommages-intérêts comprennent également, dans une acception moins restreinte, la restitution des fruits que l'acquéreur
a été obligé de rendre au propriétaire du jour où il a connu les
vices de son titre, les frais faits sur la demande en garantie et
sur la demande originaire, enfin les loyaux coûts et autres accessoires du contrat.

L'éviction peut n'être que partielle ; si la partie dont l'acquéreur a été évincé est de telle conséquence qu'il n'eût pas acheté
sans elle, il peut faire résilier la vente, sinon il n'a droit qu'à
une indemnité représentant la valeur actuelle de ce dont il a
été évincé. Cette dernière disposition n'est pas en harmonie
avec la théorie adoptée en matière d'éviction totale et traite le
vendeur avec plus de faveur, mais ce désaccord n'est illogique
que par l'apparence : ici le contrat n'est pas résolu et par suite
on ne demande pas la restitution du prix mais des dommages-
intérêts équipollents à la perte subie par l'acheteur.

C'est aussi une éviction partielle que celle qui résulte de la
découverte de servitudes non apparentes et non déclarées par
le vendeur, les mêmes principes la régissent.

Les parties sont maîtresses de varier les effets de la garantie
de droit qui se transforme aussitôt en garantie conventionnelle.
L'unique règle de cette garantie, c'est la volonté, c'est la stipulation énoncée dans l'acte. Extensive ou restrictive, la clause
sera exécutée, soit qu'elle oblige le vendeur à la garantie lors-

qu'elle n'a pas lieu de droit, pour le fait du souverain par exemple ou autre cas de force majeure, soit qu'elle l'en affranchisse Mais il est un pacte qui est considéré comme non écrit, le vendeur ne peut être dispensé de la garantie d'un fait qui lui est personnel ou du moins de tout fait personnel postérieur au contrat et du fait antérieur qui n'aurait pas été rigoureusement prévu; son obligation n'est plus seulement naturelle, mais essentielle à la vente. Ainsi le voulait la bonne foi qui doit tenir la plus grande place dans les contrats et notamment dans celui qui nous occupe.

L'exemption de la garantie décharge le vendeur du recours en dommages-intérêts, mais ne le délie pas de la dette du prix en cas d'éviction; si toutefois à cette connaissance du danger de l'éviction est réunie cette autre circonstance de la stipulation de non garantie ou encore si l'acheteur a acquis à ses risques et périls, le vendeur ne sera même pas tenu de la restitution du prix. Ce qui est vendu alors, c'est plutôt la chance d'avoir la chose que la chose elle-même, ce sont le plus souvent de simples prétentions cédées pour une somme très inférieure à la valeur de l'objet. Le contrat a un caractère aléatoire dont l'éviction est seulement le côté défavorable.

PROCÉDURE EN GARANTIE.

L'action en garantie peut être intentée par voie principale ou par voie incidente. L'acheteur a un grand intérêt à recourir à la garantie incidente, s'il veut ne pas être exposé aux lenteurs et aux frais de la procédure et éviter la contrariété possible de deux jugements; il agirait sans prudence en recourant à l'action principale, car il serait forcé de justifier la sentence et pourrait perdre tout recours contre le vendeur. La garantie est simple ou formelle : elle est simple lorsqu'elle est exercée par le défendeur originaire d'une action personnelle, le garant peut bien intervenir, mais sans prendre le fait et cause du garant; elle est formelle lorsque l'action du demandeur originaire est réelle, le garant peut toujours prendre le fait et cause du garanti qui sera mis hors de cause, s'il le requiert avant le premier jugement.

L'acheteur proposera son exception de garantie avant toute défense au fond, et il devra appeler son garant dans la huitaine du jour de la demande originaire, outre un jour pour trois myriamètres ; ceux qui seront assignés en garantie seront tenus de procéder devant le tribunal où la demande originaire est pendante, et il sera fait droit conjointement aux deux demandes, si elles sont en état.

DE LA GARANTIE DES DÉFAUTS DE LA CHOSE VENDUE.

Lorsque la chose vendue se trouve atteinte, au moment de la vente, de défauts qui la rendent impropre à l'usage auquel elle est destinée ou qui diminuent tellement cet usage que l'acheteur ne l'aurait pas acquise ou n'en aurait donné qu'un moindre prix s'il les avait connus, le vendeur est garant de ces défauts; l'acquéreur a droit, en restituant la chose, d'exiger la rédhibition du prix, de là le nom de vices rédhibitoires. Mais si ces vices peuvent se découvrir par la simple inspection ou sont parvenus par une voix quelconque à la connaissance de l'acheteur, si la chose a péri par la faute de celui-ci ou par force majeure, si à la stipulation de non-garantie se joint la bonne foi chez le vendeur, ce dernier sera dégagé de toute responsabilité.

Deux actions compètent à l'acheteur : l'action rédhibitoire qui a pour but de forcer le vendeur à reprendre sa chose en rendant le prix et replace les parties au même état qu'avant la vente et l'action *quanti minoris* ou de moins-value qui laisse subsister le contrat en amenant la restitution d'une partie du prix estimé par expertise. Mais dans toute convention des peines plus sévères aggravent la position de l'homme déloyal, de même le dol du vendeur est réprimé. Si nous le supposons de bonne foi, il ne remboursera que le prix et les frais occasionnés par la vente à l'acquéreur ; si, au contraire, de mauvaise foi, il sera tenu, en outre, des dommages-intérêts.

La garantie pour vices rédhibitoires s'applique aux immeubles, mais elle est plus fréquente dans les ventes d'objets mobiliers et surtout d'animaux ; elle n'a pas lieu dans les ventes faites par autorité de justice.

(Loi du 20 mai 1838 sur les vices rédhibitoires).

La rédaction du Code dans notre matière des vices rédhibitoires présentait plusieurs lacunes : elle était muette sur la durée de l'action en garantie et laissait le magistrat sous l'empire de coutumes diverses. Était-ce à l'acheteur à prouver l'existence du vice lors de la vente, selon le droit commun, ou fallait-il admettre cette présomption ? L'art. 1647 n'était pas de nature à trancher la question, et justifiait l'incertitude des interprètes. lorsque la loi du 20 mai 1838 nous a apporté ses innovations.

La loi de 1838 détermine avec soin les vices qui donnent la faculté d'exercer l'action rédhibitoire dans les ventes les plus usuelles, celles d'animaux domestiques. Par une première modification, motivée peut-être par la difficulté d'estimer un animal vicieux, elle n'accorde à l'acheteur que l'action en restitution et supprime celle en réduction de prix. Le délai pour intenter l'action cessera de varier entre un jour et six mois d'après les coutumes de nos provinces, il sera fixé uniformément à neuf ou trente jours. — Si l'animal périt pendant ces délais, c'est à l'acheteur de prouver que la perte provient de l'une des maladies spécifiées. Enfin le vendeur n'aura plus à garantir de certaines maladies contagieuses s'il prouve que l'animal a été mis en contact depuis la livraison avec des animaux qui en étaient affectés, et ce nouvel exemple complète l'énumération des cas indiqués ci-dessus dans lesquels le vendeur est délié de son obligation.

Du reste, la loi du 20 mai n'ayant statué que sur les vices rédhibitoires des races chevaline, bovine et ovine, les cas non prévus sont régis par les règles ordinaires.

CHAPITRE V.

DES OBLIGATIONS DE L'ACHETEUR.

Tout contrat synallagmatique comporte des prestations réciproques qui marchent de concert; l'acheteur n'est pas seulement créancier, il est aussi débiteur. Il a deux obligations : payer le prix avec tous ses accessoires et prendre livraison de la chose.

Il est tenu en outre des frais de la vente et des dépenses occasionnées par la conservation de la chose.

En l'absence de convention, le payement du prix doit s'effectuer au lieu et dans le temps où le vendeur accomplit son obligation de livrer pour les ventes au comptant, au domicile de l'acheteur pour les ventes à terme. La créance du prix est productive d'intérêt : lorsqu'il y a convention à cet égard, lorsque la chose vendue est frugifère, lorsque l'acheteur a été sommé de payer.

Si l'acheteur est troublé ou a juste sujet de craindre de l'être, il peut suspendre le payement du prix jusqu'à ce que le vendeur ait fait cesser le trouble, à moins que celui-ci ne donne caution ou qu'il n'ait été stipulé que, malgré le trouble, l'acheteur payerait. Les tribunaux auront à apprécier si les craintes ne sont pas affectées

Faute de payement, le vendeur peut demander la résolution de la vente, qu'elle ait pour objet soit des meubles, soit des immeubles; ce droit n'est que la déduction du principe de l'article 1184 qui sous-entend la condition résolutoire dans les contrats synallagmatiques pour le cas où l'une des parties ne satisfait point à son engagement. La résolution de la vente d'immeubles s'opère de trois manières différentes : la condition résolutoire est tacite, l'acquéreur payera valablement nonobstant l'échéance du terme, la sommation et même après assignation, aussi longtemps que la justice ne prononcera pas la résolution, et encore le tribunal a la faculté de concéder un délai suivant l'intérêt dont le défendeur est digne et les circonstances, à moins qu'il n'y ait pour le vendeur danger de perdre la chose et le prix ; mais ce délai expiré sans payement, la résolution est acquise au vendeur, il n'y a plus lieu à prorogation. La résolution est stipulée expressément, le défaut de payement n'opérera la résolution qu'après une sommation, mais dès lors plus de délai. Enfin la convention porte que la vente sera résolue de plein droit, par la seule échéance du terme, sans qu'il soit besoin d'une sommation ; le bénéfice de l'art. 1586 doit fléchir devant la force de la volónté des parties.

Le vendeur peut réclamer son prix sans perdre, comme autrefois, le droit de faire résoudre ; il peut également abandonner la résolution et poursuivre, par toutes les voies légales, le payement du prix qui est alors garanti par un privilége sur l'objet vendu.

La résolution remet les choses dans le même état que si la vente n'avait pas eu lieu.

Le vendeur reprendra son bien, avec les fruits, exempt de charges créées dans l'intervalle, mais il tiendra compte de son côté de la portion de prix qu'il aurait reçue ainsi que des intérêts.

L'action en résolution se prescrira par trente ans entre le vendeur et l'acheteur, mais il n'y a pas de raison pour refuser la prescription de dix ou vingt ans au sous-acquéreur qui, à son juste titre, réunit la bonne foi.

L'acheteur doit prendre livraison de la chose, à défaut de convention et d'usage, aussitôt après la vente. L'acheteur négligent, après une sommation restée sans effet, subira le payement par les moyens de contrainte ou la résolution du contrat, et, dans l'hypothèse de choses mobilières, si le terme du payement a été spécialement déterminé, le vendeur, sans sommation, à jour fixe, peut considérer la vente comme résolue

TITRE VII.

DE L'ÉCHANGE.

L'échange suffit aux premiers besoins des hommes avant que la civilisation n'ait introduit ses exigences ; la vente n'apparaît qu'ensuite, c'est l'échange simplifié, perfectionné.

Comme la vente, l'échange est un contrat synallagmatique, à titre onéreux, commutatif et consensuel ; le Code le définit : un contrat par lequel les parties se donnent respectivement une chose pour une autre. Comme dans la vente, la transmission de la propriété s'opère par le seul consentement, sans qu'il soit besoin de tradition. De même que la vente, il est soumis au principe qui autorise la résolution de tout contrat synallagmatique pour inexécution d'une des parties.

Il existe donc une analogie intime entre les deux contrats ; plusieurs dissemblances néanmoins sont à signaler : l'échange n'admet pas la rescision pour cause de lésion, les pactes obscurs s'interprètent contre celui qui les invoque en sa faveur, les frais d'acte et loyaux coûts sont une charge commune.

QUESTIONS.

I. Le prix est-il certain, lors même qu'il est fixé à l'arbitrage d'un tiers? — Oui.

II. La cession faite en contravention à l'art. 1597 est-elle légalement inexistante? — Oui.

III. Une prescription commencée avant la vente est-elle une cause d'éviction antérieure au contrat? — Non.

IV. Dans les ventes sur expropriation forcée, l'adjudicataire évincé a-t-il action en dommages-intérêts contre le saisi, et en répétition de prix contre les créanciers colloqués? — Oui.

V. L'exception de garantie peut-elle être opposée au mineur héritier d'un tuteur qui a vendu les biens de son pupille comme siens ou en promettant de faire ratifier le contrat? — Oui.

VI. Le donataire qui, en général, n'a pas droit à garantie contre son donateur, peut-il cependant, en cas d'éviction, agir contre le vendeur de son donateur? — Oui.

VII. Le vendeur de bonne foi sera-t-il condamné à payer entièrement une plus-value tellement extraordinaire qu'elle dépasse toutes les prévisions? — Non.

VIII. Lequel du vendeur ou de l'acheteur doit satisfaire le premier à ses obligations? — C'est le demandeur.

Vu par le Doyen, Président de la thèse,
C.-A. PELLAT.

www.ingramcontent.com/pod-product-compliance
Lightning Source LLC
Chambersburg PA
CBHW060506200326
41520CB00017B/4929